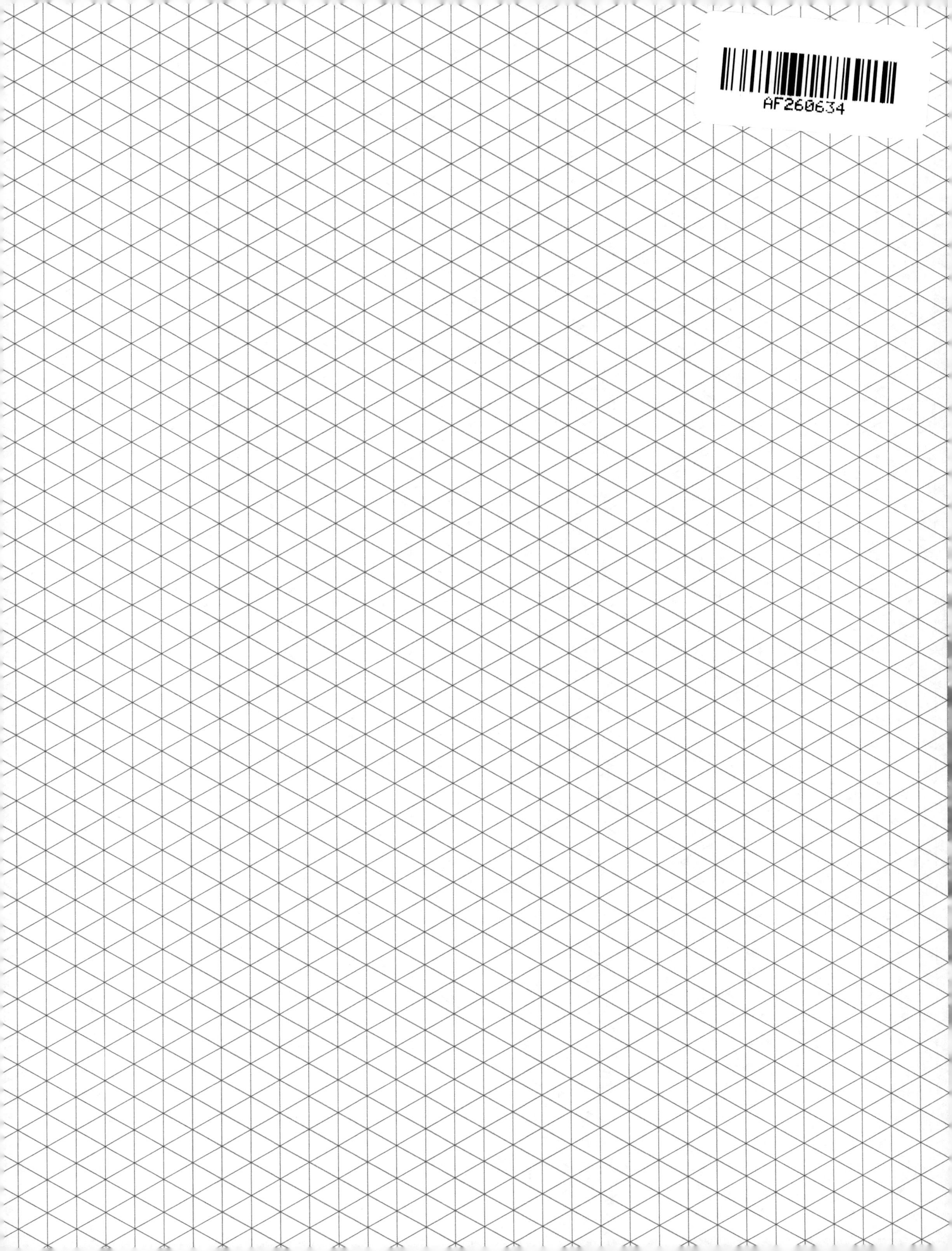

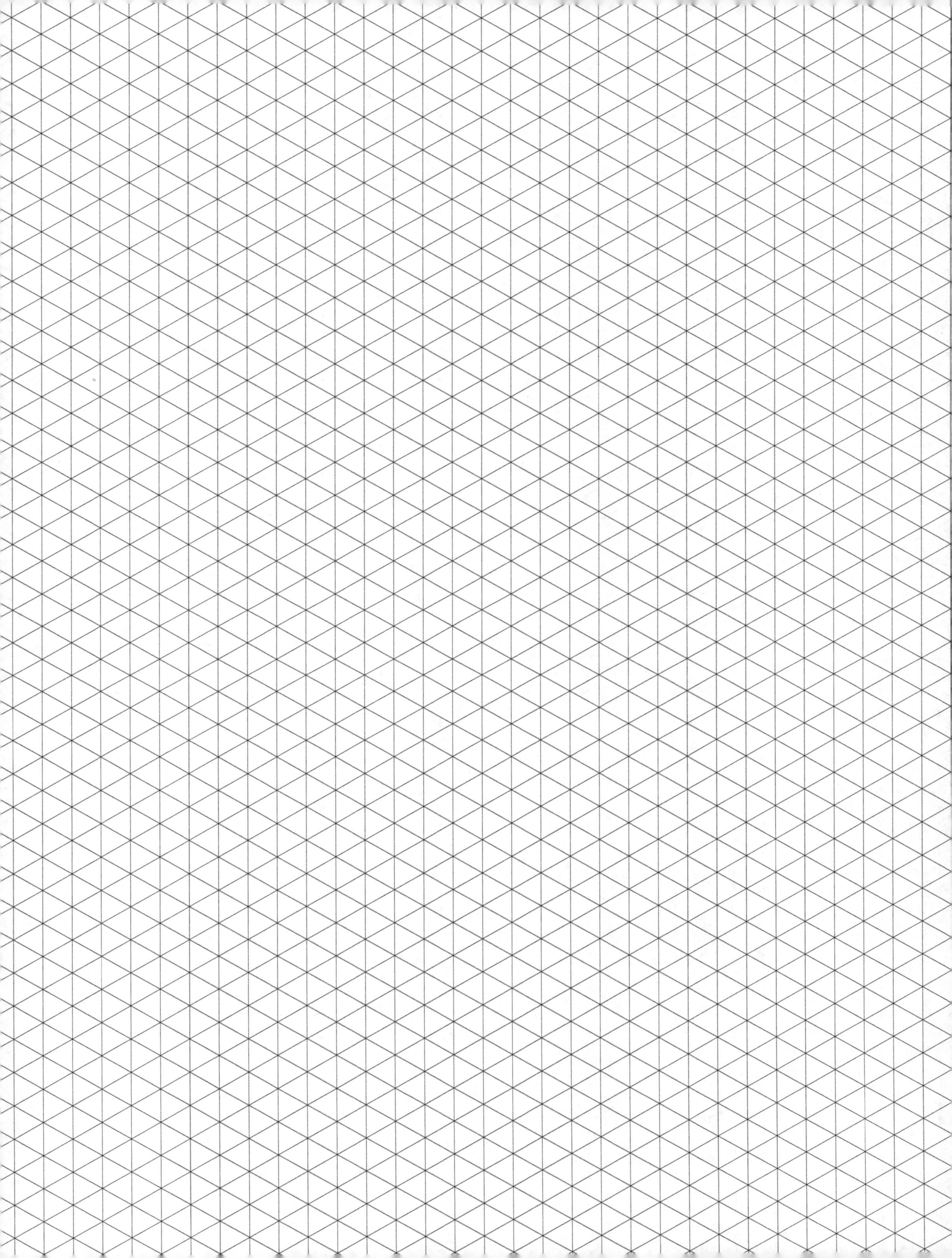

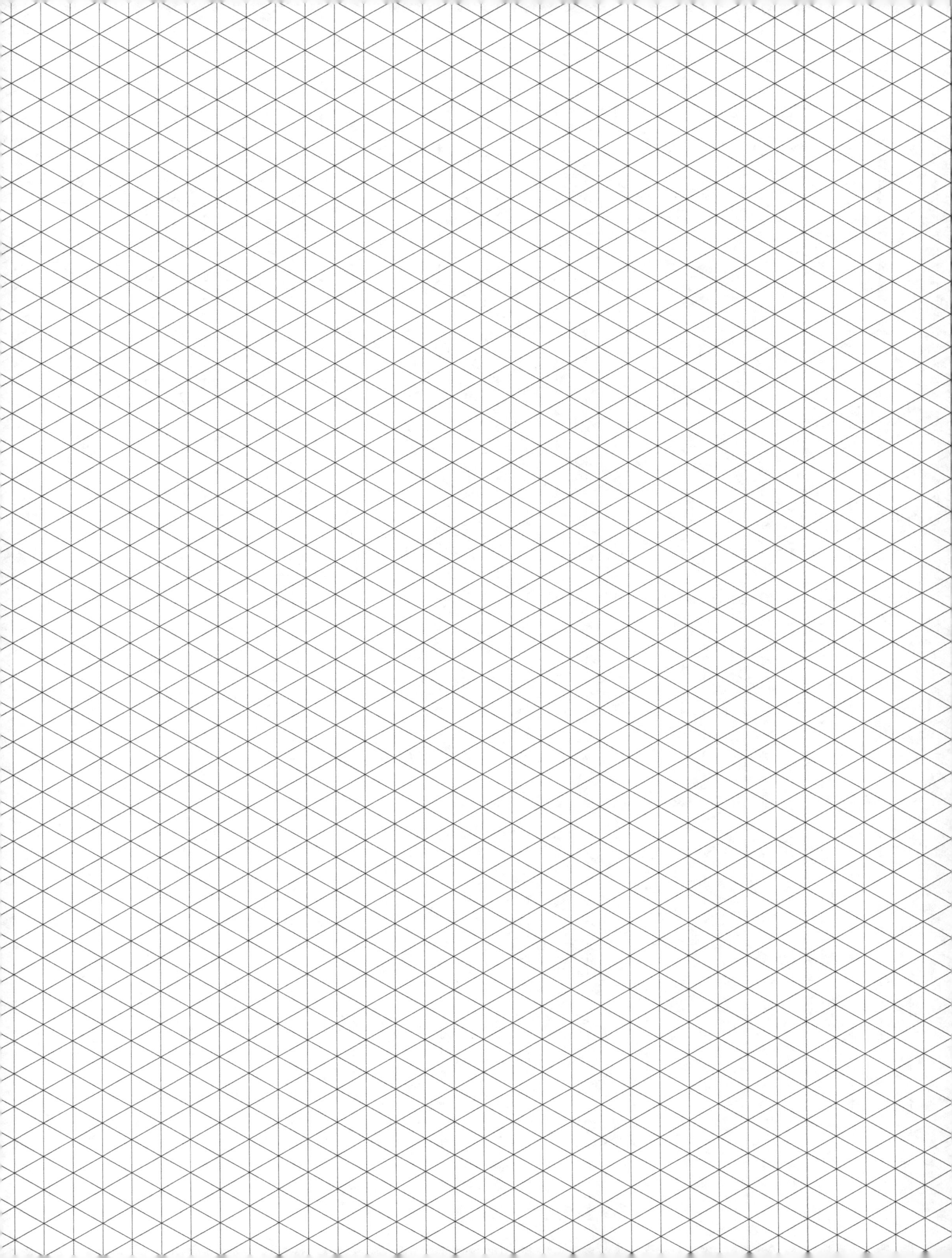

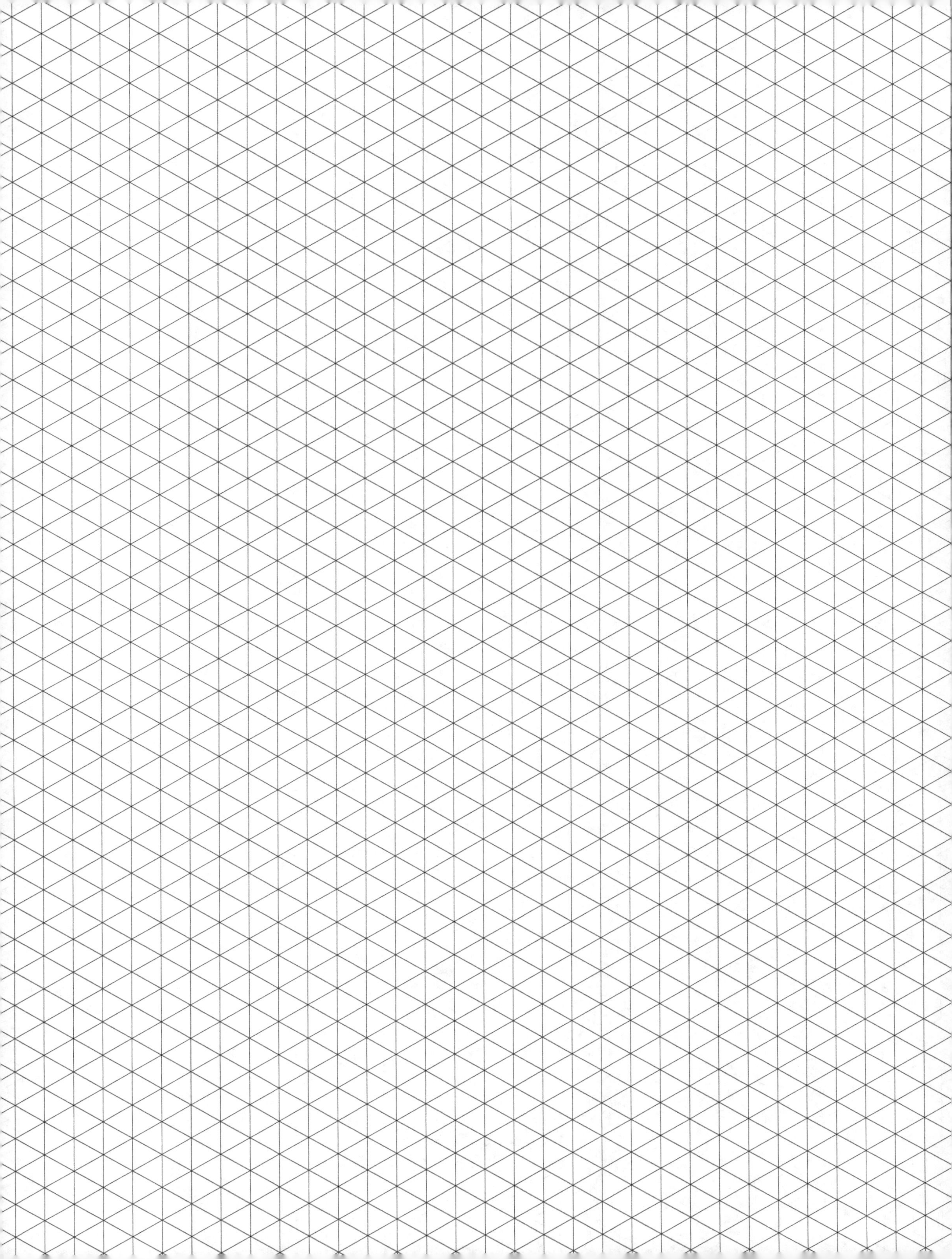

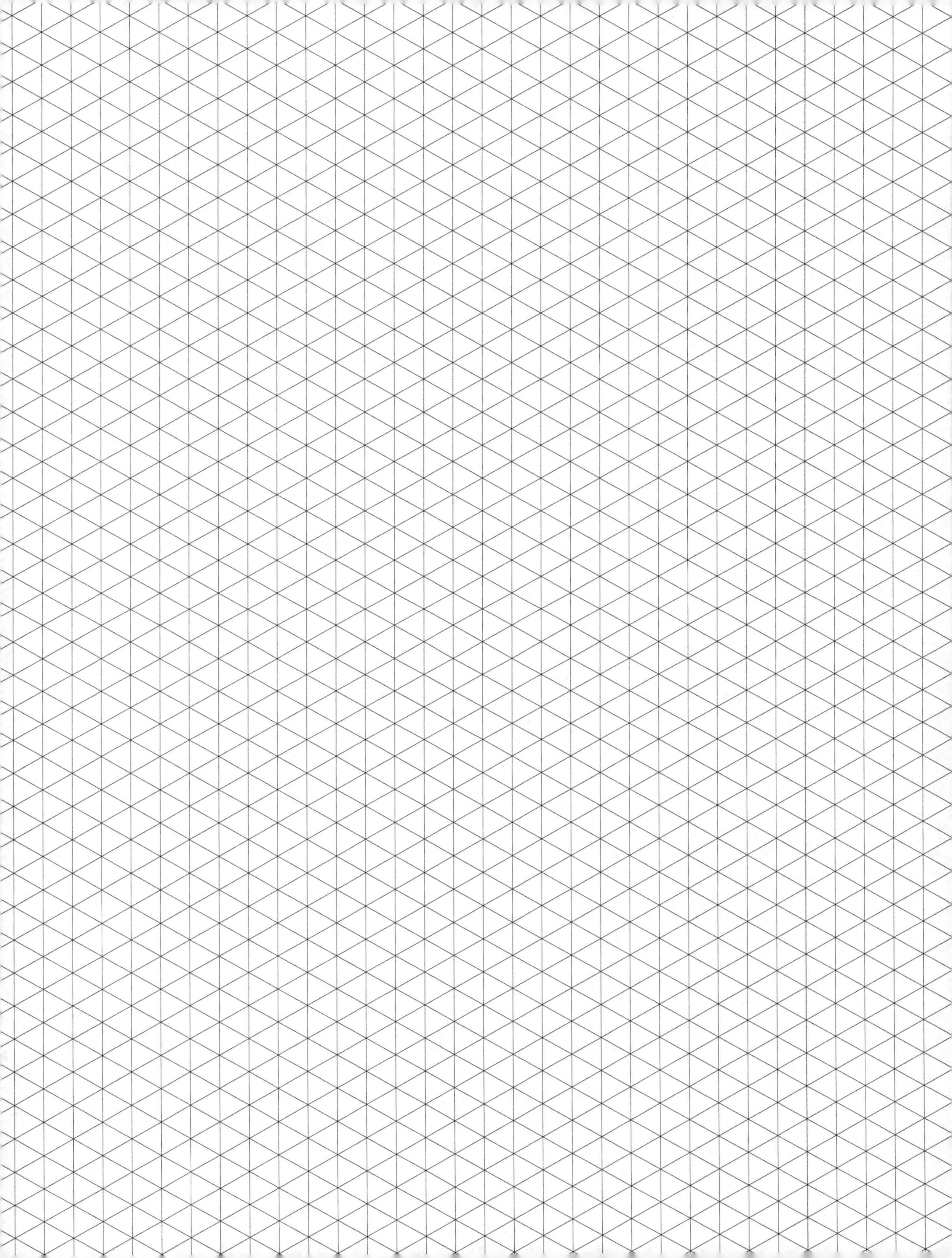

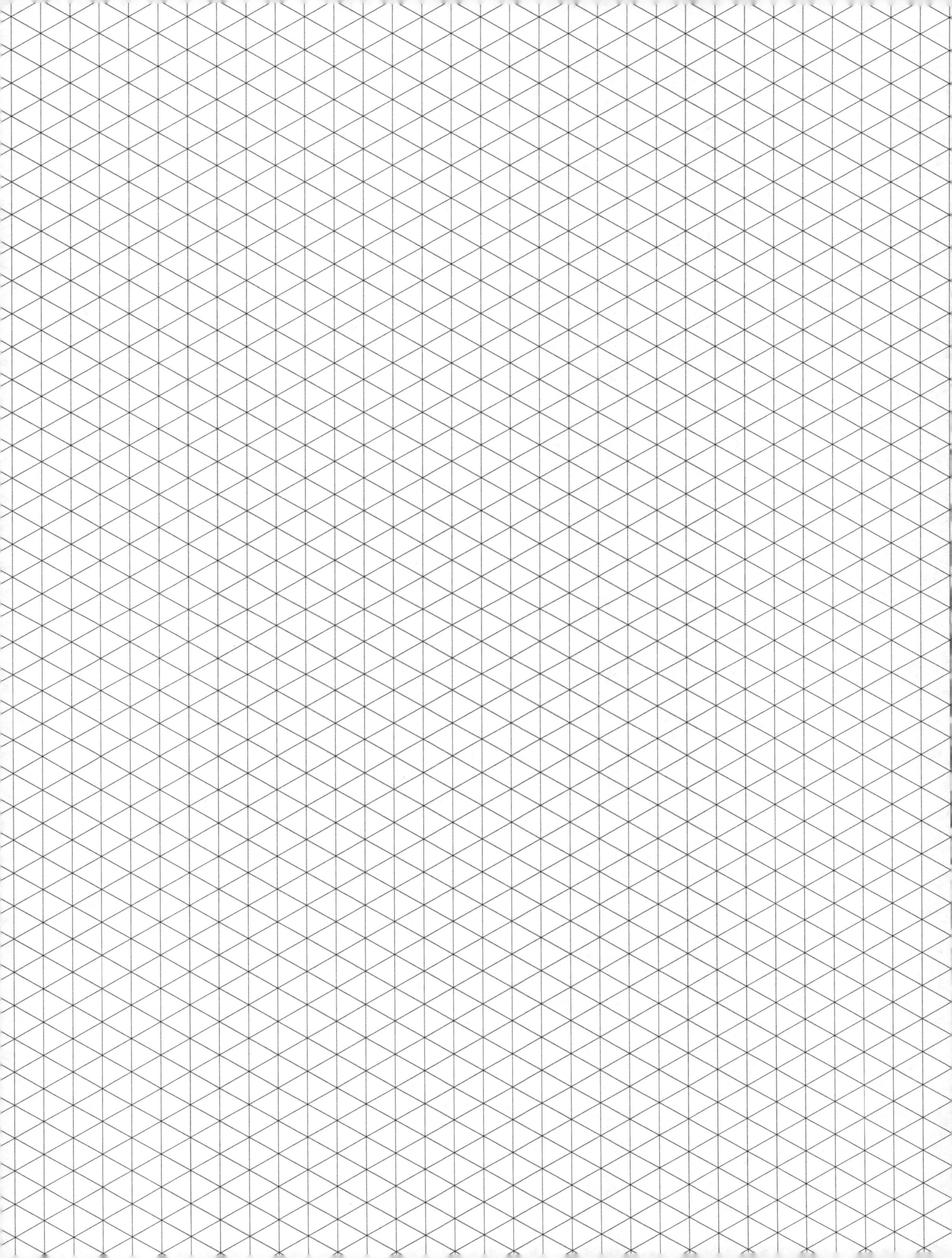

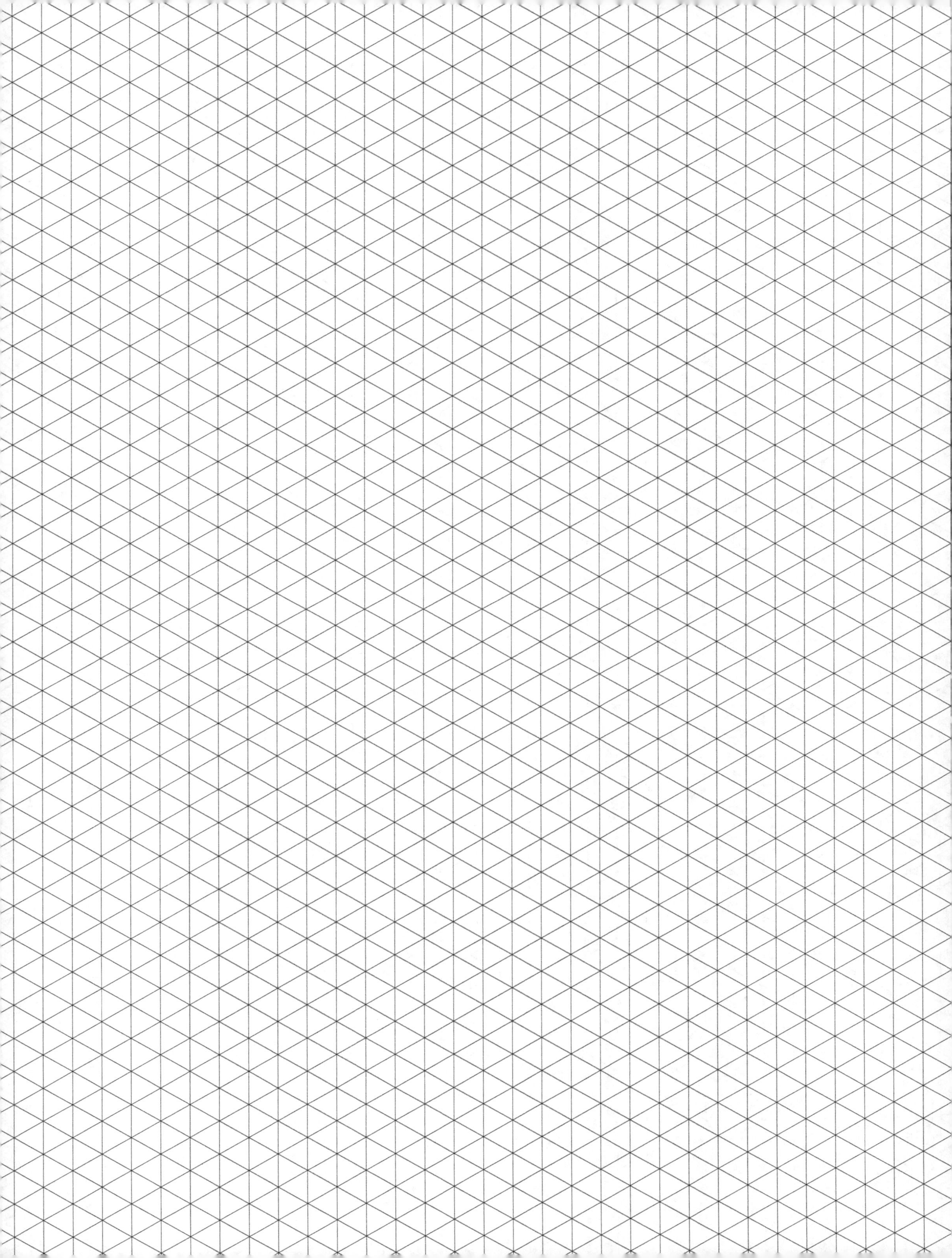

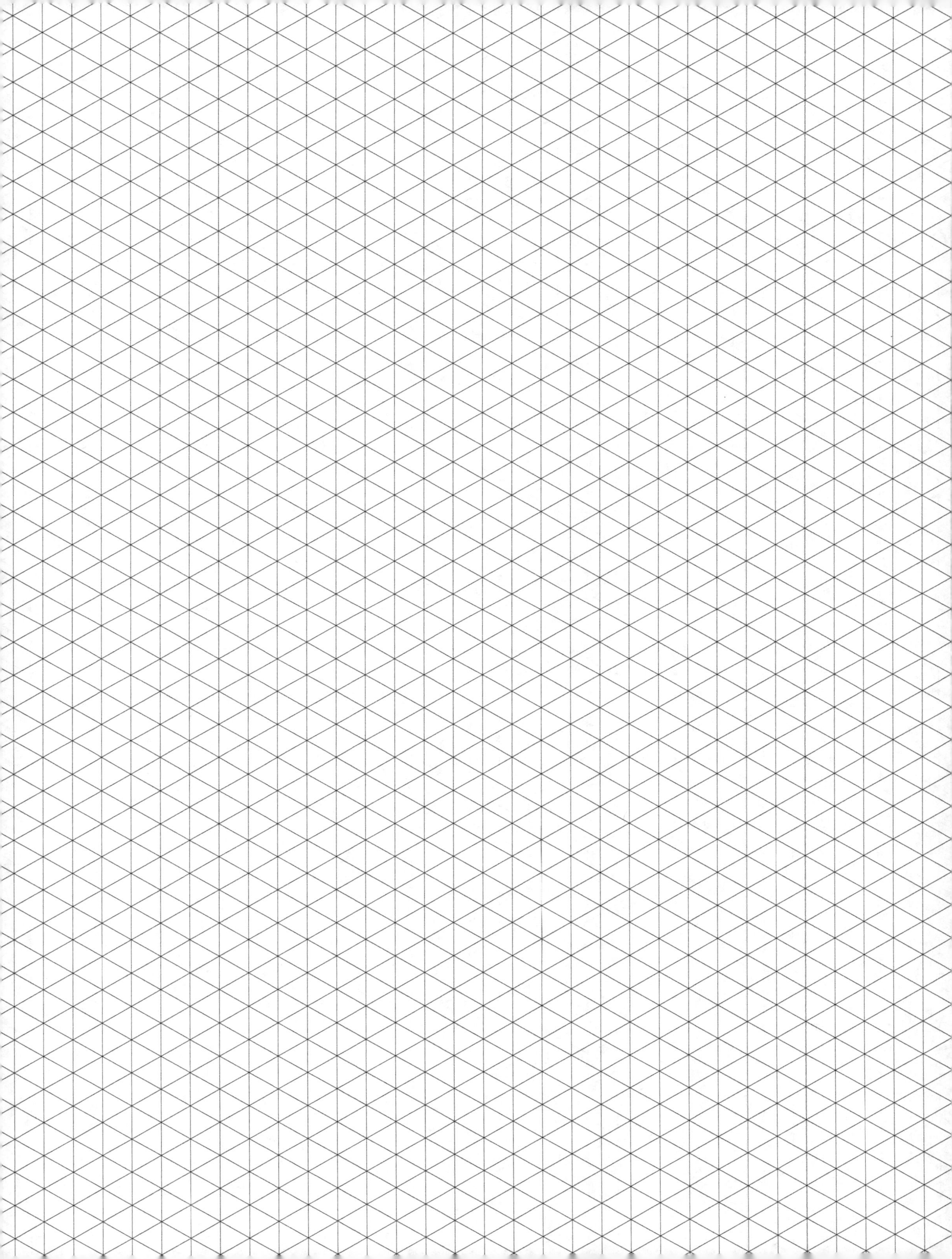

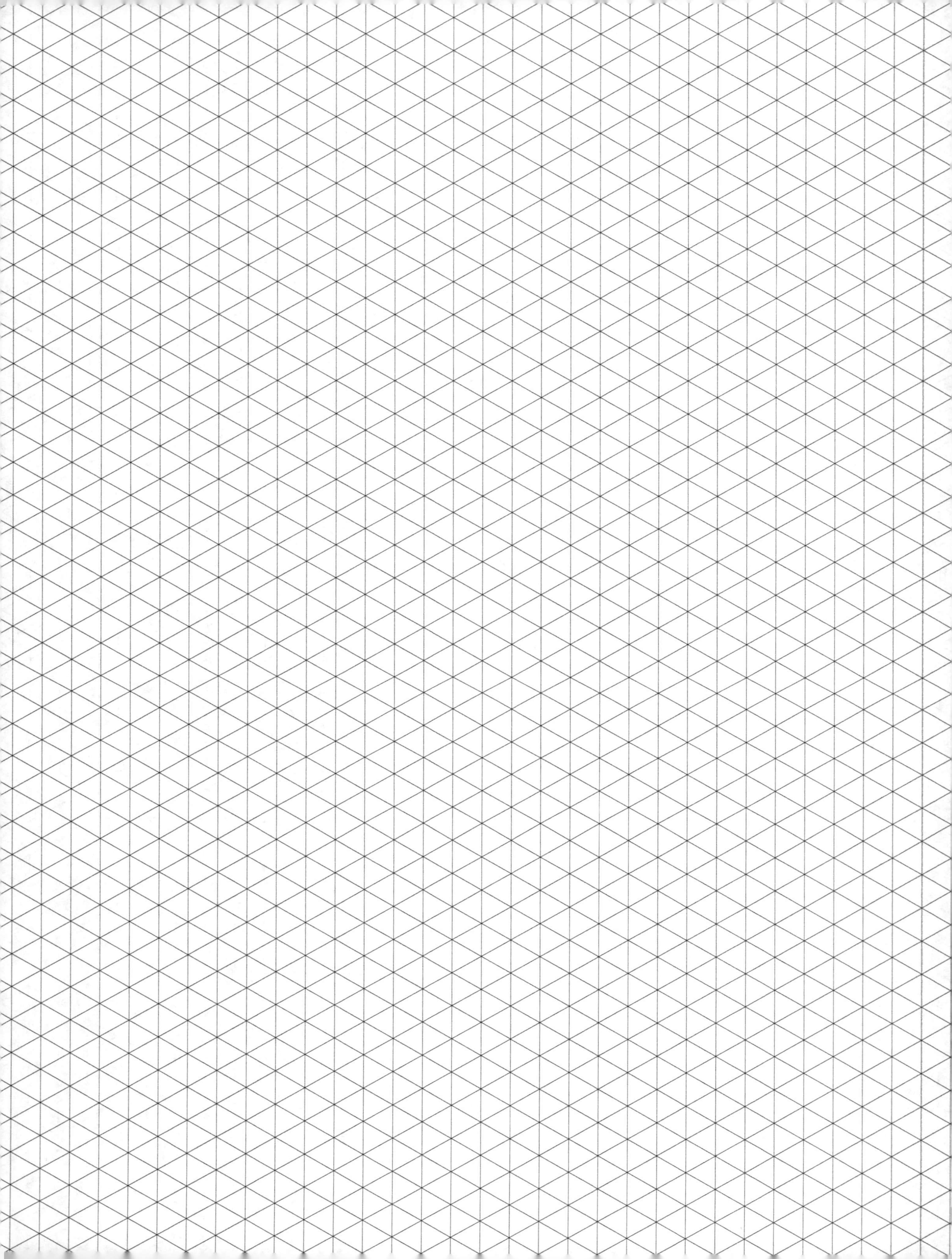

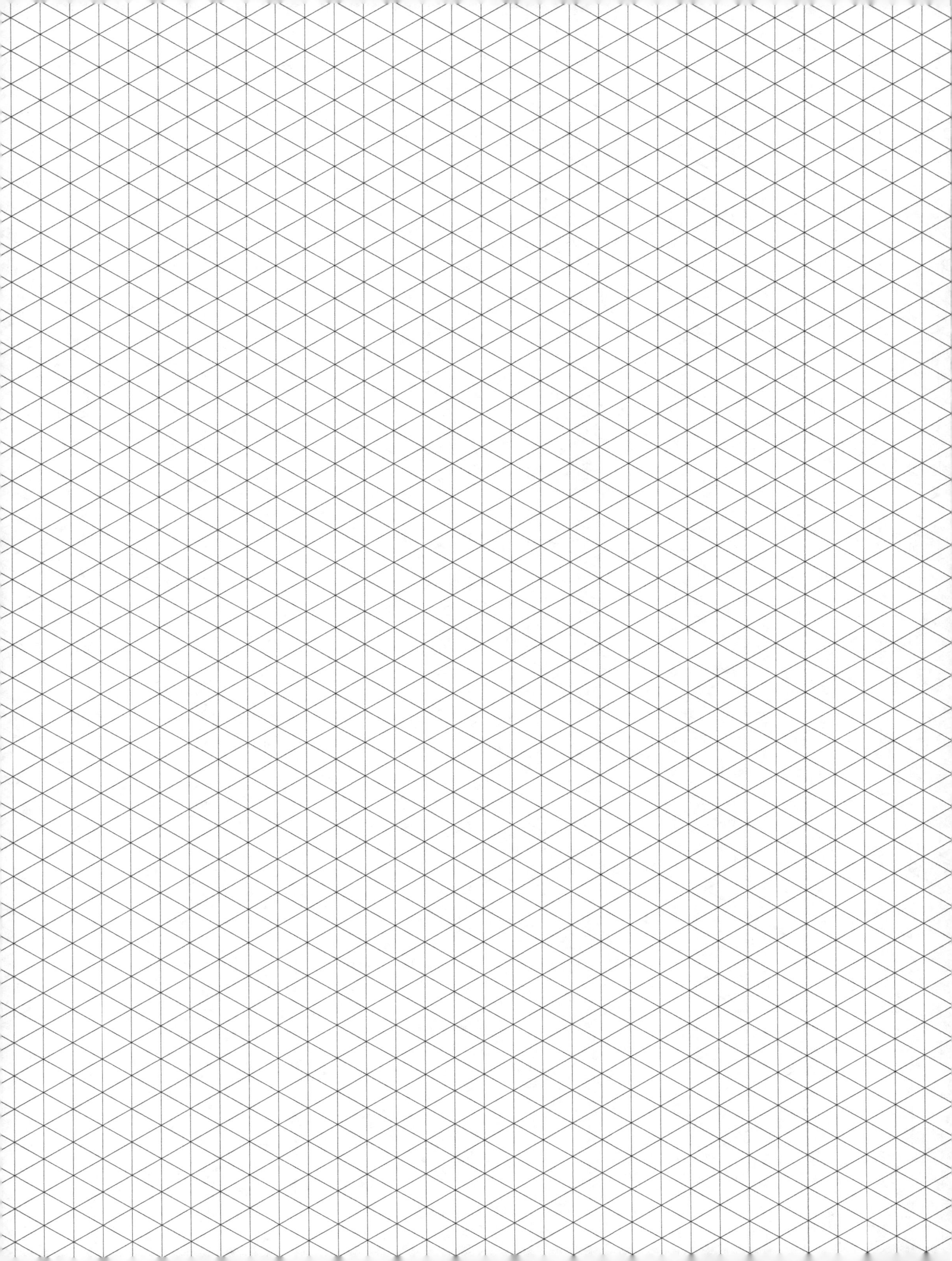

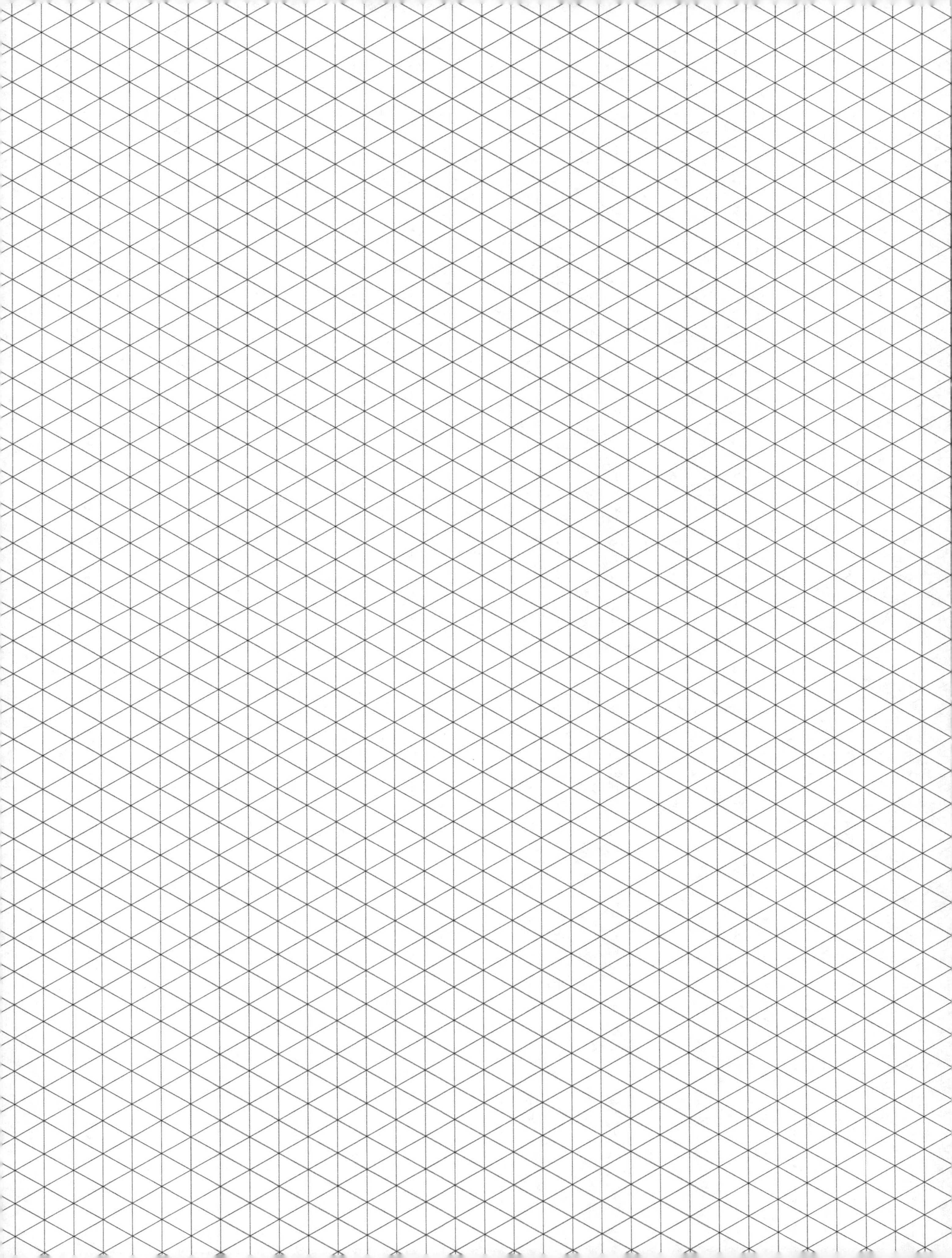

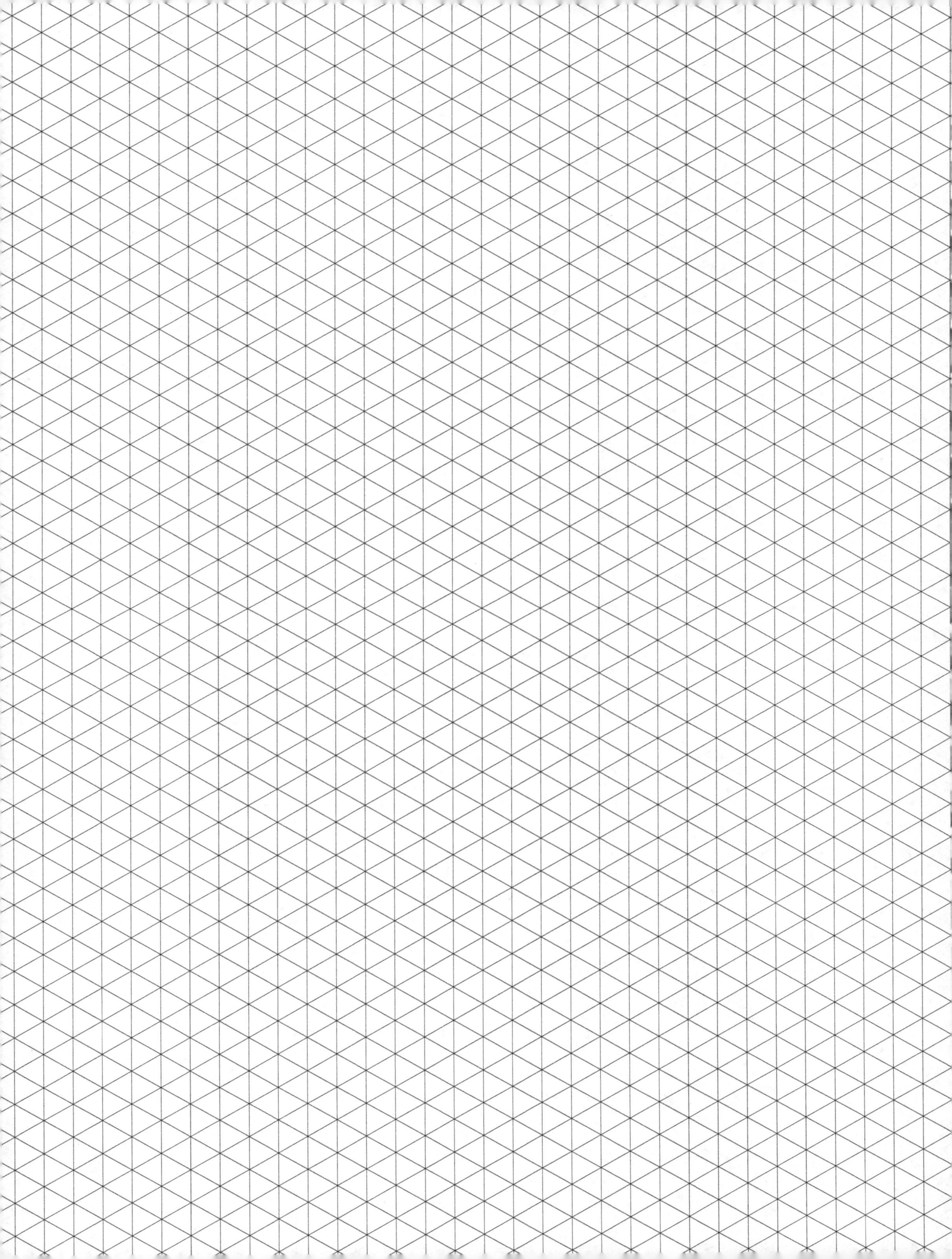

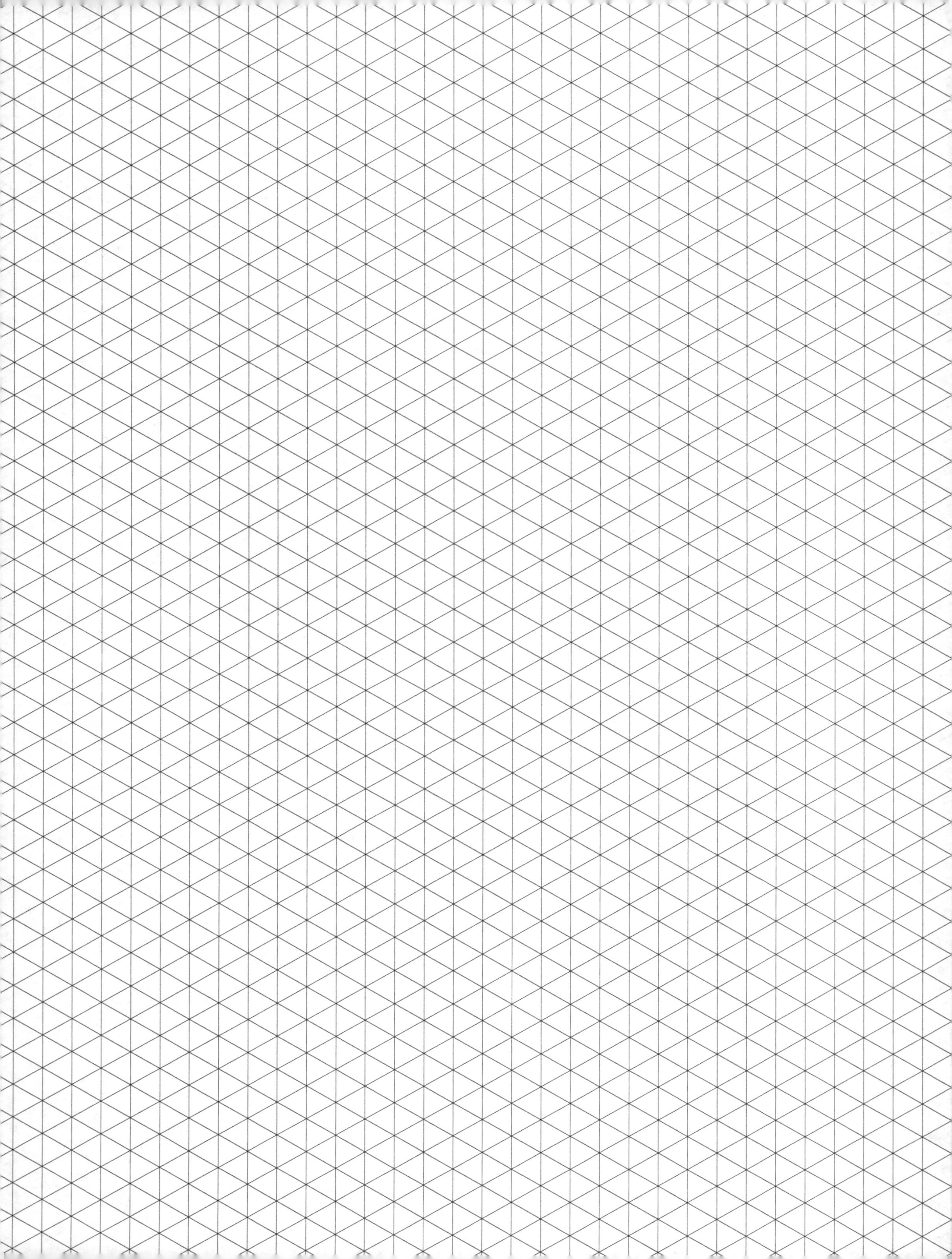

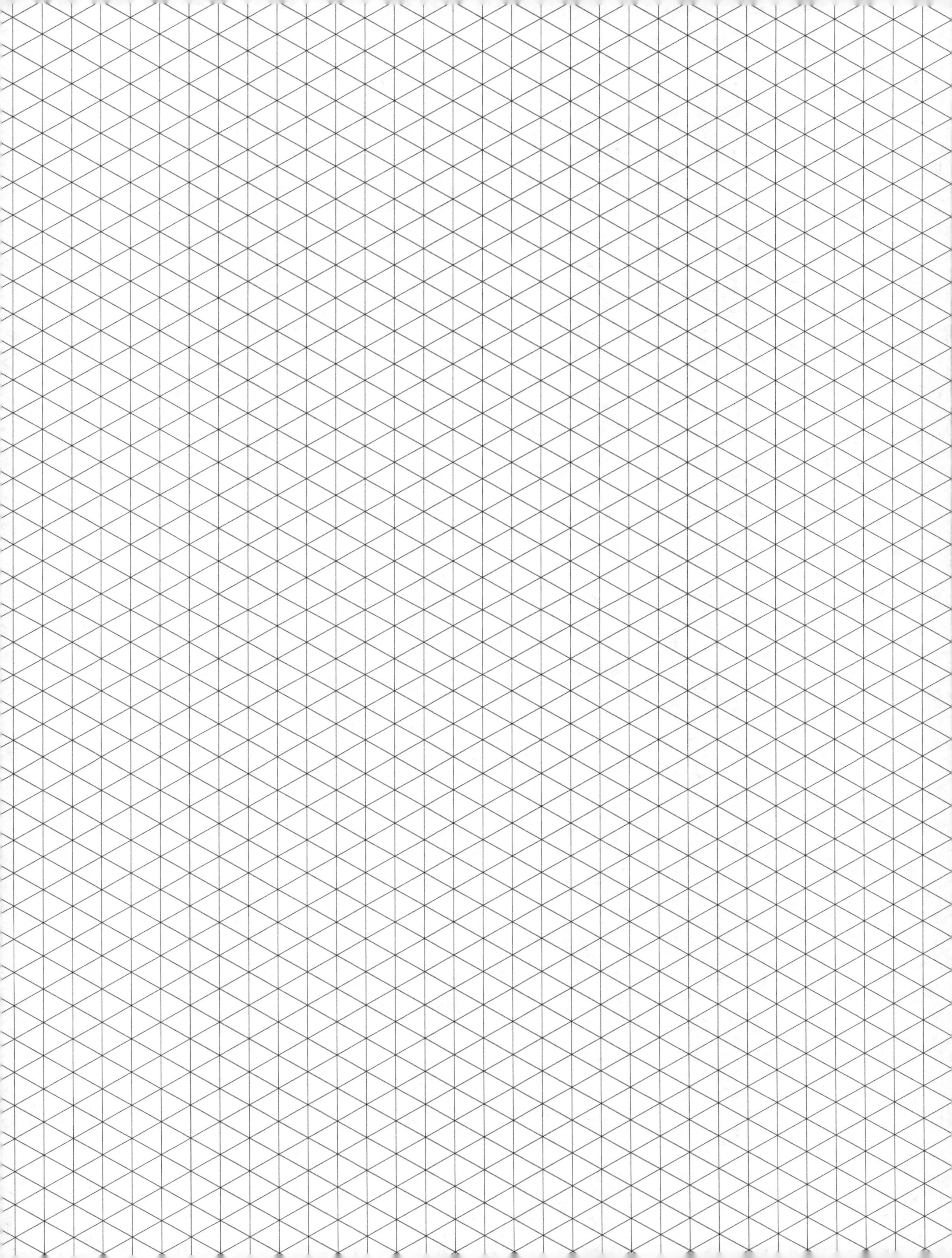

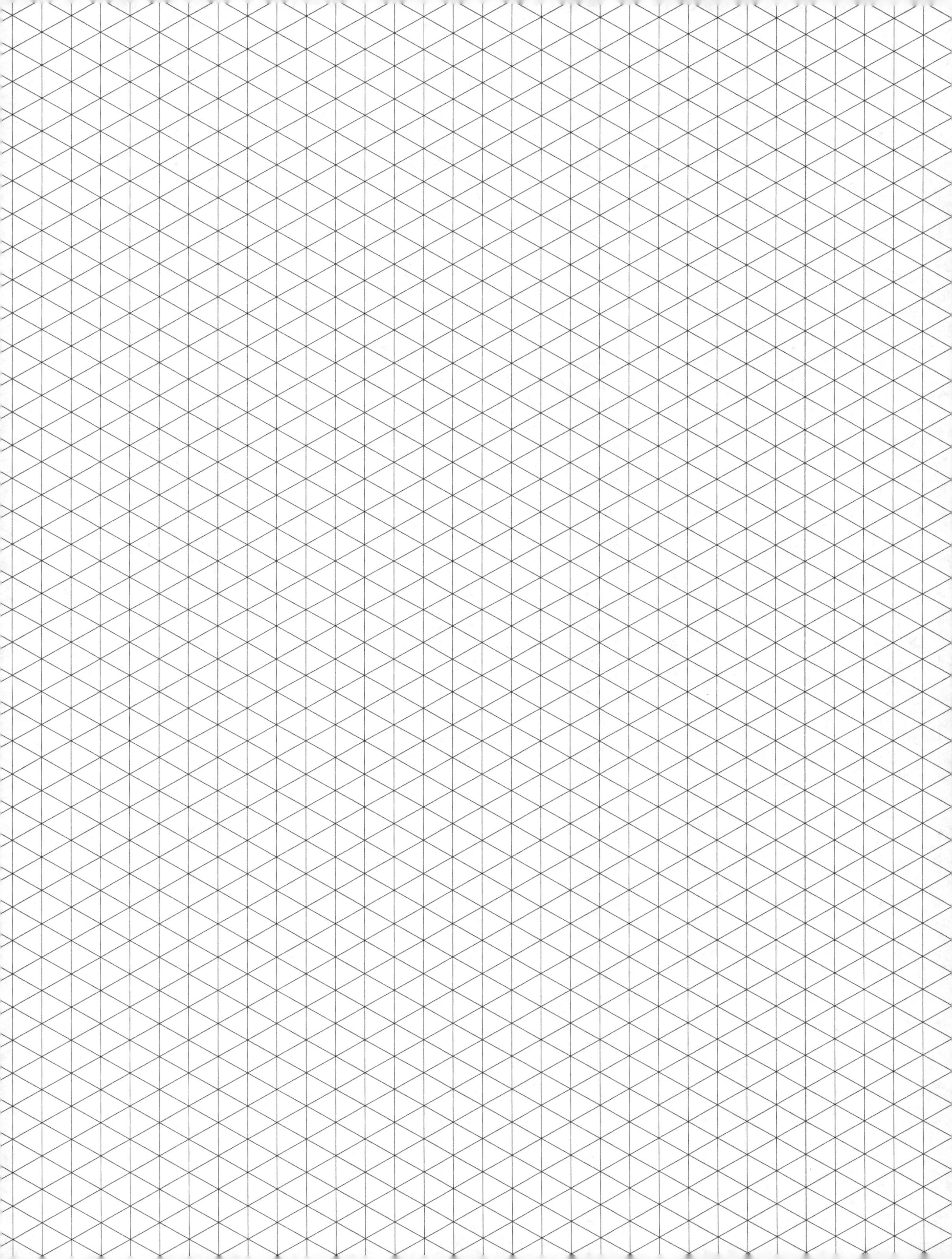

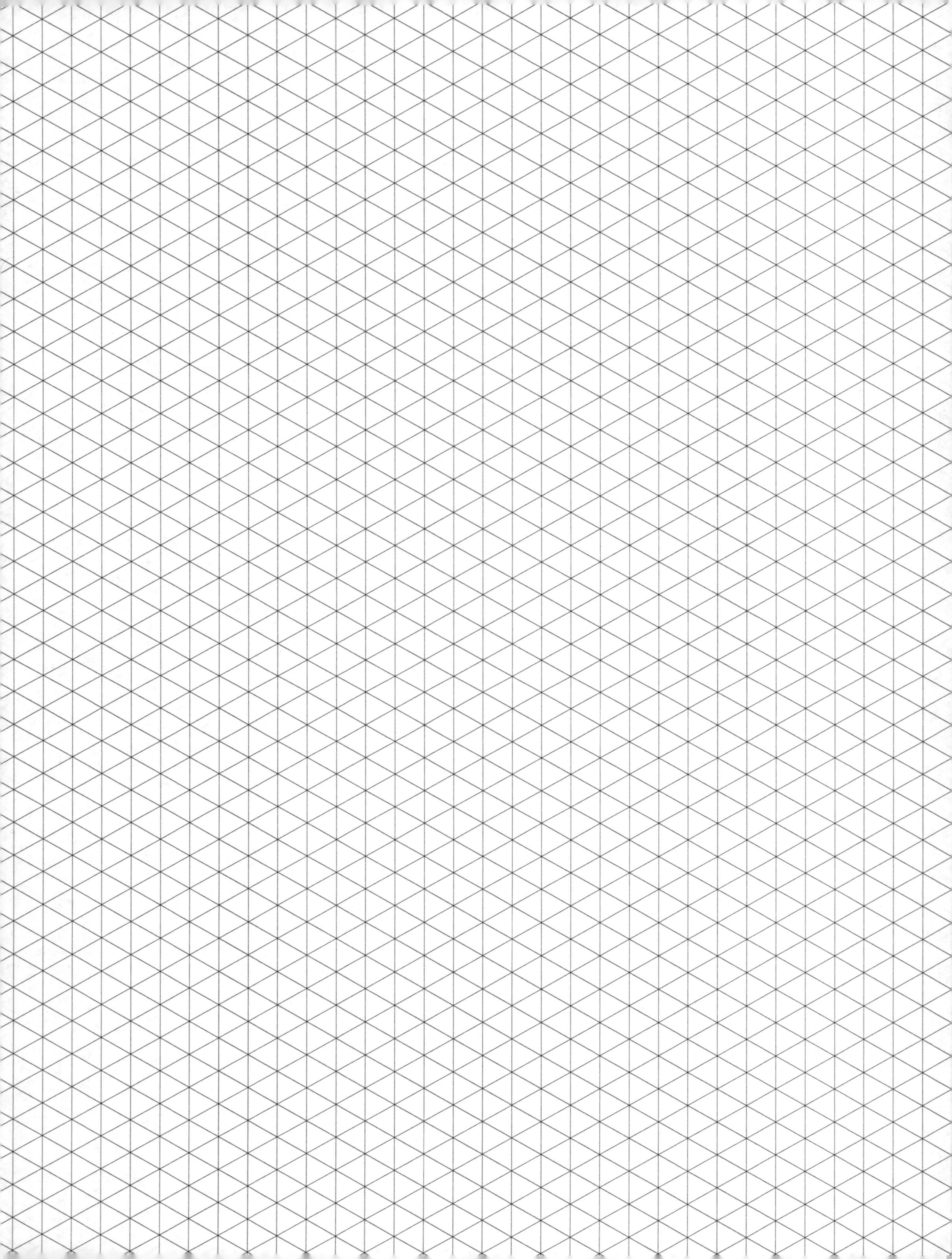

9 781607 969181